FICHA CATALOGRÁFICA

(Preparada na Editora)

Xavier, Francisco Cândido, 1910-2002.

X19m   *Mãos Unidas* / Francisco Cândido Xavier, Espírito de Emmanuel. Araras, SP, 27ª edição, IDE, 2024.

192 p.

ISBN 978-65-86112-57-3

1. Espiritismo 2. Psicografia - Mensagens I. Emmanuel. II. Título.

CDD -133.9
-133.91

Índices para catálogo sistemático:
1. Espiritismo 133.9
2. Psicografia: Mensagens: Espiritismo 133.91

MÃOS UNIDAS

ISBN 978-65-86112-57-3

27ª edição - maio /2024

Copyright © 1972,
Instituto de Difusão Espírita - IDE

Conselho Editorial:
Doralice Scanavini Volk
Wilson Frungilo Júnior

Produção e Coordenação:
Jairo Lorenzetti

Revisão:
Mariana Frungilo Paraluppi

Capa:
Samuel Carminatti Ferrari

Diagramação:
Maria Isabel Estéfano Rissi

Parceiro de distribuição:
Instituto Beneficente Boa Nova
Fone: (17) 3531-4444
www.boanova.net
boanova@boanova.net

Impressão:
Plena Print

INSTITUTO DE DIFUSÃO ESPÍRITA - IDE
Rua Emílio Ferreira, 177 - Centro
CEP 13600-092 - Araras/SP - Brasil
Fones (19) 3543-2400 e 3541-5215
CNPJ 44.220.101/0001-43
Inscrição Estadual 182.010.405.118
www.ideeditora.com.br
editorial@ideeditora.com.br

Todos os direitos reservados.
Nenhuma parte desta
publicação pode ser reproduzida,
armazenada ou transmitida,
total ou parcialmente, por
quaisquer métodos ou processos,
sem autorização do detentor do
copyright.

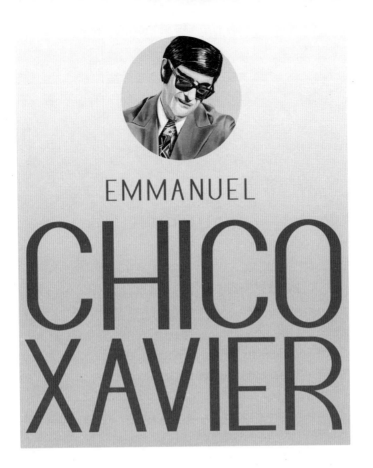

EMMANUEL
CHICO XAVIER

MÃOS UNIDAS

Sumário

Mãos Unidas 9
1 - Teu livro 11
2 - No corpo 13
3 - Diante do bem 15
4 - Esperança sempre 19
5 - Na boa luta 23
6 - Verbo e vida 27
7 - Paciência sempre 29
8 - Permuta incessante 33
9 - Fé e coragem 35
10 - Nossa parcela 39
11 - Vinténs de luz 41
12 - Resgate e renovação 45
13 - Realidade e nós 49
14 - Liberdade alheia 53
15 - No balanço das provas 55
16 - Religião e nós 59
17 - A chave bendita 63
18 - Tropeços e desgostos 67
19 - Eles, os outros 71
20 - Trabalha e espera 75
21 - Na trilha da felicidade 79

22 -	Socorro e solução	83
23 -	Antes da crise	87
24 -	Mecanismo do auxílio	91
25 -	Sobrevivência	95
26 -	Abolição do mal	97
27 -	Autoaceitação	99
28 -	Missão espírita	103
29 -	Fiéis sempre	107
30 -	Erros e faltas	111
31 -	Paciência e trabalho	115
32 -	Nota de esperança	119
33 -	Dever e compromisso	123
34 -	Vontade de Deus	127
35 -	Entre irmãos	131
36 -	Entendimentos com Jesus	135
37 -	A estranha crise	139
38 -	Problema em serviço	143
39 -	Sentimento, ideia e ação	147
40 -	Abençoar e compreender	149
41 -	Paciência e vida	153
42 -	Sugestões da parábola	157
43 -	Sem esmorecer	161
44 -	Uma só luz	165
45 -	Prontuário da alma	169
46 -	O companheiro oculto	173
47 -	Teu privilégio	177
48 -	A caminho do Cristo	181
49 -	Ante a vida	185
50 -	Oração pelos entes queridos	189

Chico Xavier

Mãos Unidas

Leitor amigo:

"Mãos Unidas" é o título do volume despretensioso que lhe ofertamos à generosidade, buscando-lhe a companhia para nossas reflexões com a Doutrina Espírita, à luz dos ensinamentos do Cristo de Deus.

Escolhemos semelhante legenda recordando que, de mãos unidas às mãos mediúnicas escrevemo-lo e, de mãos unidas às nossas, temos a bondade de sua atenção voltada para a nossa tarefa em comum.

Mãos Unidas! Tão somente assim, de mãos

entrelaçadas, conseguiremos alcançar as realizações do trabalho e do estudo que nos farão atingir os elevados objetivos, a que estamos todos destinados, nos caminhos do aperfeiçoamento e da evolução.

Emmanuel

Uberaba, 17 de abril de 1972.

1
Teu livro

A EXISTÊNCIA NA TERRA É UM LIVRO QUE ESTÁS escrevendo...

Cada dia é uma página...

Cada hora é uma afirmação de tua personalidade, através das pessoas e das situações que te buscam.

Não menosprezes o ensejo de criar uma epopeia de amor em torno de teu nome.

As boas obras são frases de luz que endereças à Humanidade inteira.

Em cada resposta aos outros, em cada gesto para com os semelhantes, em cada manifestação dos teus pontos de vista e em cada demonstração de tua alma, grafas, com tinta perene, a história de tua passagem.

Nas impressões que produzes, ergue-se o livro dos teus testemunhos.

A morte é a grande colecionadora que recolherá as folhas esparsas de tua biografia, gravada por ti mesmo, nas vidas que te rodeiam.

Não desprezes a companhia da indulgência, através da senda que o Senhor te deu a trilhar.

Faze uma área de amor ao redor do próprio coração, porque só o amor é suficientemente forte e sábio para orientar-te a escritura individual, convertendo-a em compêndio de auxílio e esperança para quantos te seguem os passos.

Vive com Jesus, na intimidade do coração, não te afastes d'Ele em tuas ações de cada dia e o livro de tua vida converter-se-á num poema de felicidade e num tesouro de bênçãos.

2
No corpo

HÁ QUEM MENOSPREZE O CORPO, ALEGANDO com isso honorificar a alma, no entanto, isso é o mesmo que combater a escola, sob o estranho pretexto de beneficiar o aprendiz.

Leve observação, porém, nos fará lembrar a importância da vida física.

Diz-se, muitas vezes, que o corpo é adversário do espírito, contudo, é no corpo que dispomos daquele bendito anestésico do esquecimento temporário, com que a cirurgia da vida, nos hospitais do tempo, suprime-nos as chagas morais instaladas por nós mesmos no campo íntimo; nele, reencontramos os desafetos de passadas reencarnações, nas teias da consanguinidade ou nas obrigações do grupo de serviço para a quitação necessária de nossos débitos, perante a lei que nos governa os destinos; com ele, entesouramos, pouco a pouco, os valores da evolução e da cultura; auxiliados por ele, perdemos os derradeiros resquícios de herança animal, que carregamos por força da longa vivência nos reinos inferiores da Criação, a fim de que nos elevemos aos topes da inteligência; integrados nele, é que somos pacientemente burilados pelos instrumentos da Natureza, ante a glória espiritual que a todos nos aguarda, no Infinito, na condição de filhos de Deus e, finalmente, é ainda no corpo que somos defrontados pelos grandes amores, a começar pela abnegação dos anjos maternais da Terra, que nos presidem o estágio no plano físico, habilitando-nos para a aquisição dos mais altos títulos na escola da experiência.

Meditemos em tudo isso e saibamos ver no corpo a harpa sublime em que a sabedoria do Senhor nos ensina, século a século, existência a existência e dia por dia, a bendita ciência do crescimento e da ascensão para a Vida Imortal.

3
Diante do bem

DIANTE DE CADA DIA QUE SURGE, REFLITAMOS na edificação do bem a que somos chamados.

Para isso, comecemos abençoando pessoas e acontecimentos, circunstâncias e coisas, para que o melhor se realize.

De princípio costumam repontar no cotidiano os problemas triviais do instituto doméstico. Habitualmente, aparece o assunto palpitante da hora, solicitando-nos atenção. Saibamos subtrair-lhe a sombra provável, projetando nele a réstea de luz que sejamos capazes de improvisar. Logo após, de imediato, estamos quase sempre defrontados pelos contratempos de ordem familiar.

Renteando com eles, usemos o verbo calmante e conciliador para que as engrenagens do lar funcionem lubrificadas em bálsamo de harmonia.

Mais adiante, é o grupo de trabalho com os pontos fracos à mostra.

Abracemos com paciência e alegria as tarefas excedentes que se nos imponham, esquecendo essa ou aquela falha dos companheiros e trazendo a nós, sem queixa ou censura, a obrigação que ficou por fazer. Em seguida, é o campo vasto das relações, com as surpresas menos felizes que sobrevenham: o amigo modificado, a trama da incompreensão, a atitude mal interpretada, o irmão que se vai para longe de nós...

A cada ocorrência menos agradável, procuremos responder com os nossos mais altos recursos de entendimento, justificando o amigo que se transforma, desfazendo sem mágoa o emaranhado das trevas, removendo equívocos em pauta e apoiando o colega que se afasta, oferecendo-lhe a íntima certeza com referência à continuidade de nossa estima. Tudo o que existe é peça da vida e se aqui ou além a deficiência aparece, isso significa que a obra do bem, nessa ou naquela peça da vida, está pedindo a nossa colaboração a fim de que lhe doemos o pedaço de bem que porventura ainda lhe falte.

Chico Xavier

4

Esperança sempre

Ninguém sem esperança. Ninguém sem Deus.

Contempla o Céu, nos dias em que a sombra te invada o coração, e pensa na inalterabilidade do Amor Infinito que verte do Criador para todas as criaturas.

O mesmo Sol que te aquece e nutre é aquele mesmo Sol que nutriu e aqueceu bilhões de criaturas na Terra no curso dos séculos incessantes.

Quase todas as estrelas que hoje se te descerram aos olhos são as mesmas que acompanharam os homens na queda e no levantamento de civilizações numerosas.

Reflete nisso e não te deixes arrasar pelas aflições transitórias que te visitam com fins regenerativos ou edificantes.

É provável que tribulações diversas te sigam no encalço...

Aguentas incompreensões e dificuldades em conta própria, toleras lutas e problemas que não criaste, carregas compromissos e constrangimentos, a fim de auxiliar aos entes queridos ou erraste, talvez, e sofres as consequências das próprias culpas.

Não importa, entretanto, o problema, embora sempre nos pesem as responsabilidades assumidas, quaisquer que sejam.

Desliga-te, porém, de pessimismo e desânimo, recordando que a vida – mesmo na vida que desfrutas – em suas origens profundas, não é obra de tuas mãos.

O poder que te dotou de movimento, que te desenvolveu as percepções, que te induziu ao impulso irresistível do amor e que te acendeu no pensamento a luz do raciocínio, guarda recursos suficientes para retificar-te, suplementar-te as energias, amparar-te na solução de quaisquer empresas difíceis ou reaver-te de qualquer precipício, onde hajas caído em desfavor de ti mesmo. Esse mesmo poder da vida, que regenera o verme contundido e reajusta as árvores podadas, nunca te relegaria à sombra da indiferença. Entretanto, para que lhe assimiles o apoio plenamente, é imperioso te integres no sistema do trabalho no bem de todos, sem te renderes à inutilidade ou à deserção.

Lembra-te de que o verme ferido e as árvores diláceradas se refazem por permanecerem fiéis ao trabalho que a sabedoria da vida lhes conferiu pela natureza.

Recordemos isso e seja de que espécie for a provação que te amargue as horas, continua trabalhando na sustentação do bem geral, porquanto se te ajustas ao privilégio de servir, seja qual seja a prova em que te encontras, reconhecerás, para logo, que o amor é um sol a brilhar para todos e que ninguém existe sem esperança e sem Deus.

Chico Xavier

5
Na boa luta

A SEARA DO BEM QUE JESUS NOS DESCORTINA se revela por trabalho árduo, com alicerces no espírito de equipe. Serviço de confraternização e apoio mútuo em que os tarefeiros, de corações interligados e mãos unidas, são convocados a duro labor, começando no burilamento de si mesmos.

À face disso, cada núcleo de atividade espírita, evidenciando-se na condição de posto avançado do Cristianismo redivivo, há de ser, por força de suas próprias finalidades, um campo de peleja moral, onde os lidadores atuam, armados com recursos da alma, quais sejam o entendimento e a tolerância, a bondade e a paciência, a humildade e a abnegação, baseados no amor que o Cristo nos legou.

Ponderemos, quanto a isso, e reconheçamos a nossa obrigação de trabalhar pelo bem para que se faça, em toda parte, o bem de todos. Lavrar o solo do espírito com os instrumentos do estudo, semear a compreensão, difundir os valores humanos, exemplificar lealdade aos compromissos esposados na oficina de elevação, espalhar para os outros, tanto quanto possível, as bênçãos do Senhor.

Justo que nessas linhas de batalha espiritual apareçam ocorrências menos felizes. De quando em quando, companheiros caem alvejados por inimigos da luz, através das brechas que eles mesmos formaram, requisitando amparo urgente na retaguarda; muitos recuam assustados, ao observarem a extensão da obra a fazer, outros exigem férias ou licenças indefinidas, receando obstáculos, e outros, ainda, fogem amedrontados, ante os riscos da luta.

Em favor de todos, Jesus Cristo, o Supremo Comandante das Hostes do Bem, promove e promoverá sempre o socorro adequado nas condições precisas, entretanto, a fim de compreendermos nossas próprias dificuldades, recordemos que, no grupo constituído por ele mesmo, Jesus, nos primeiros dias do Evangelho, conquanto a equipe se erigisse tão somente com doze companheiros, não faltaram problemas e desarmonias, negações e deserções.

Reflitamos nisso e, aceitando as nossas responsabilidades de trabalhar e servir, estejamos com o divino Mestre, nas provas e aflições da frente, seguindo para a frente.

Chico Xavier

6
Verbo e vida

EM MATÉRIA DE AUXÍLIO AOS SEMELHANTES, urge não esquecer a função poderosa do verbo.

As palavras beneficentes são os alicerces fundamentais da beneficência sempre que estejamos acordados para a edificação do Reino do Amor.

Quando a secura nos assalte o ambiente, através dos companheiros que se mostrem desgastados em provas constantes, as expressões de reconforto podem ser o bálsamo espiritual com que se lubrifiquem as engrenagens do cotidiano, sendo que, ante contendas e discussões que suscitem afastamento e incompatibilidade, funcionam por agentes de paz, estabelecendo segurança e entendimento. Se a incompreensão desequilibra o trabalho em andamento, é porta aberta para harmonia e reajuste. Junto dos que caíram à margem da estrada, constituem apetrecho de socorro, reerguendo-os para a vida. Ao lado dos irmãos em erro evidente, servem como fatores de ponderação e reequilíbrio, sem qualquer recurso à violência. Diante das circunstâncias graves, recordam bisturis conduzidos por mãos hábeis na supressão de problemas que nos agravariam as lutas da existência. Perante os incêndios da cólera ou do azedume, da condenação ou da discórdia, são fontes extintoras da perturbação, carreando tranquilidade e bênção.

Exatamente com as palavras é que se estruturam as leis em que se educam e se orientam as criaturas na Terra, tanto quanto na Terra se inscrevem as revelações dos Céus para o burilamento e elevação dos homens.

Verifica, desse modo, o que fazes com as próprias palavras.

Por elas e com elas, é que operas em ti e por ti mesmo, em teu favor ou em teu prejuízo, a paz ou a discórdia, o bem ou o mal, a treva ou a luz.

7
Paciência sempre

HABITUALMENTE, PACIÊNCIA É UM ARTIGO QUE aspiramos a adquirir de exportação alheia na loja da vida.

Para pesquisar, entretanto, a existência desse talento em nós, urge observar as nossas reações no cotidiano.

Para isso, não é a manifestação menos desejável do próximo que nos favorecerá o estudo preciso e sim, o próprio comportamento analisado por nós mesmos.

O chefe que se desmandou em gritaria terá

encontrado motivos para agir assim, em vista das aflitivas questões que lhe esfogueiam o pensamento.

O subordinado que aderiu à rebeldia, entrou possivelmente em perturbação, induzido pelas constrangedoras necessidades materiais que lhe corroem o mundo íntimo.

O amigo que se aborreceu indebitamente conosco, decerto abraçou semelhante procedimento, impulsionado por lamentáveis equívocos.

O adversário que se fez mais azedo, atirando-nos pesadas injúrias, terá descido a crises mortais de ódio, reclamando, por isso, mais ampla dose de compaixão.

O companheiro que nos espanca mentalmente, com o relho da cólera, jaz, sem dúvida, ameaçado de colapso nervoso, exigindo o socorro do silêncio e da oração, a fim de não cair em moléstia mais grave. O irmão que abraçou aventuras menos felizes provavelmente haverá resvalado na sombra de perigosa ação obsessiva, cujos meandros de treva não somos ainda capazes de perceber.

Paciência é tesouro que acumulamos, migalha a

migalha de amor e entendimento, perante os outros; para conquistá-lo, no entanto, é forçoso saibamos justificar com sinceridade a irritação e a hostilidade, sempre que surjam naqueles que nos rodeiam.

Em síntese, se desejamos a própria integração com os ensinamentos do Cristo, é imperioso compreender que todos os irmãos destrambelhados em fadiga ou desfalecentes na prova, ainda incientes quanto às próprias responsabilidades, têm talvez razão de perder o próprio equilíbrio, menos nós.

Chico Xavier

8
Permuta incessante

Embora nem sempre se reconheça isto de maneira consciente, no mundo estamos constantemente trocando valores que a existência nos confere, por elementos que nos ajudam ou desajudam, enriquecendo a vida ou empobrecendo-a por nossa conta.

Poder, fortuna, inteligência, força, cultura ou habilidade são recursos que a Divina Providência nos situa nas mãos.

Tudo o que a Terra possui em matéria de bem ou mal, luz ou treva, é resultado de permuta efetuada pelos homens, no curso do tempo, na utilização dos meios que Deus lhes confia.

Em virtude disso, temos, no plano físico, os negócios materiais alicerçados em mercado terrestre e negócios da alma envolvendo interesses do espírito imperecível.

Uma casa, na essência, é fruto de uma transação. Aqueles que a levantaram deram trabalho e suor ao tempo, e o tempo lhes retribuiu com a esperada realização.

Um plano concretizado é a justa equação de um convênio perfeito.

A criatura insiste com os próprios anseios junto às Leis do Universo, e as Leis do Universo lhe atendem aos anelos, dando-lhe forma aos pensamentos.

Observa o que fazes de ti, em que te trocas.

Ainda que não o reconheçamos, de pronto, cada um de nós se dá por aquilo que busca.

Basta raciocines quanto à responsabilidade de viver e perceberás que a tua própria existência é um ajuste incessante entre as escolhas que eleges e os agentes imponderáveis da natureza que respondem às decisões. Por isso mesmo, estamos hoje naquilo em que nos demos ontem e naquilo em que nos trocamos hoje, estaremos fatalmente amanhã.

9
Fé e coragem

Proclamar as próprias convicções, notadamente diante das criaturas que se nos façam adversas, é coragem da fé, no entanto, semelhante afirmação de valor não se restringe a isso.

O assunto apresenta outra face não menos importante: o desassombro da tolerância pelo qual venhamos a aceitar os outros como os outros são, sem recusar-lhes auxílio.

Cunhar pontos de vista e veiculá-los claramente é sinal de espontaneidade e franqueza, marcando alma nobre.

Compreender amigos e adversários, simpatizantes ou indiferentes do caminho, estendendo-lhes paz e fraternidade, é característico de paciência e bondade, indicando alma heroica.

Demonstra a própria fé, perante todos aqueles que te compartilham a estrada, mas não deixes de amá-los e servi-los quando se patenteiam distantes dos princípios que te norteiam.

Reportamo-nos a isso, porquanto, junto dos companheiros leais, surgirão sempre os companheiros difíceis.

Esse, de quem esperavas testemunhos de amor e bravura nas horas graves, foi o primeiro que te deixou a sós nos momentos de crise; aquele, em cujo coração plantaste sinceridade e confiança, largou-te ao ridículo, quando a maioria mudou, transitoriamente, de opinião; aquele outro, a quem deste máximo apreço te retribuiu com sarcasmo; e aquele outro ainda é o que te criou problemas e inquietações, depois de lhe haveres dado apoio e vida.

Todos eles, porém, se nos erguem na escola do mundo por testes de persistência no bem.

A coragem da fé começará sempre através da veemência com que exponhamos as próprias ideias diante da verdade, entretanto, só se realizará em nós e por nós, quando tivermos a necessária coragem para compreender todos os homens – ainda mesmo os nossos mais ferrenhos perseguidores – como nossos verdadeiros irmãos e filhos de Deus.

Chico Xavier

10
Nossa parcela

Talvez não percebas. Entretanto, cada dia acrescentas algo de ti ao campo da vida.

As áreas dos deveres que assumiste são aquelas em que deixas a tua marca, obrigatoriamente, mas possuis distritos outros de trabalho e de tempo, nos quais o Senhor te permite agir livremente, de modo a impregná-los com os sinais de tua passagem.

Examina, por ti mesmo, as situações com que te defrontas hora a hora. Por todos os flancos, solicitações e exigências. Tarefas, compromissos, contatos, reportagens, acontecimentos, comentários, informações, boatos. Queiras ou não queiras, a tua parcela de influência conta na soma geral das decisões e realizações da comunidade porque, em matéria de manifestação, até mesmo o teu silêncio vale.

Não nos referimos a isso para que te ergas, cada manhã, em posição de alarme. Anotamos o assunto para que as circunstâncias, sejam elas quais forem, nos encontrem de alma aberta ao patrocínio e à expansão do bem.

Acostumemo-nos a servir e abençoar sem esforço tanto quanto nos apropriamos do ar respirando mecanicamente. Compreender por hábito e auxiliar aos outros sem ideia de sacrifício.

Aprendemos e ensinamos caridade em todos os temas da necessidade humana. Façamos dela o pão espiritual da vida.

Acreditemos ou não, tudo o que sentimos, pensamos, dizemos ou realizamos nos define a contribuição diária no montante de forças e possibilidades felizes ou menos felizes da existência.

Meditemos nisso. Reflitamos na parcela de influência e de ação que impomos à vida, na pessoa dos semelhantes, porque de tudo o que dermos à vida, a vida também nos trará.

11
Vinténs de luz

Do que podemos doar, vamos adquirindo conhecimento sempre mais amplo, no entanto, muitas matérias existem ainda na escola da vida que necessitamos aprender, a fim de doar algo de nós mesmos com eficiência e segurança.

Reportando-nos aos vinténs da viúva pobre, no ensinamento de Jesus, recordemos algumas dessas questões das mais simples.

Com referência à vida terrestre, já mantemos facilmente a comunicação imediata entre os povos, mas precisamos, de maneira geral, adestrar-nos em tolerância e compreensão para sustentarmos relações edificantes com os nossos próprios vizinhos.

Já sabemos eleger sem qualquer obstáculo, no manuseio do dicionário, a expressão correta nos domínios da palavra, todavia, muito dificilmente descobrimos a atitude exata a fim de registrar caridosamente os assuntos de ordem complexa que transitam por nossos ouvidos.

Acatamos automaticamente as ideias das criaturas queridas, entretanto, raros de nós entendemos a necessidade de respeitar os conceitos daqueles que não se afinam conosco, esquecendo-nos de que, com os nossos amigos e com os nossos prováveis desafetos, somos todos filhos de Deus.

Aceitamos sem maiores problemas os planos de apoio aos nossos irmãos em extremada penúria, já que isso praticamente nos evidencia a superioridade econômica, contudo, sem desvalorizar de modo algum qualquer empreendimento da caridade, é indispensável muito desprendimento de nossa parte para nos regozijarmos com a felicidade dos outros sem a mínima ponta de inveja a espicaçar-nos o espírito.

Estamos atentos no zelo pelos interesses dos entes amados, quando nos lisonjeiam com a presença pessoal, reconfortando-nos as energias, mas nem sempre nos dispomos a entregá-los aos cuidados de Deus, se não mais nos admitem a companhia, ocasião essa em que, bastas vezes, passamos a interpretá-los por expoentes da ingratidão.

Saibamos adquirir os grandes valores da cultura espiritual, mas aprendamos a entesourar as lições supostamente pequeninas da vida para que o nosso amor não se faça à maneira de mel temperado em veneno.

O avião e o automóvel são maravilhas de técnica da moderna civilização, entretanto, por vezes, na eficiência de semelhantes prodígios, a segurança de um simples parafuso é a força que conta.

Chico Xavier

12
Resgate e renovação

A REENCARNAÇÃO NÃO SERIA CAMINHADA REdentora se já houvesses atendido a todas as exigências do aprimoramento espiritual.

Enquanto na escola, somos chamados ao exercício das lições.

Ante a Lei do Renascimento, surpreenderás no mundo dificuldades e lutas, espinhos e tentações.

Reencontrarás afetos que a união de milênios tornou inesquecíveis, mas igualmente rentearão contigo velhos adversários, não mais armados pelos instrumentos do ódio aberto, e, sim, trajados noutra roupagem física, devidamente acolhidos à tua convivência dificultando-te os passos, através da aversão oculta. Saberás o que seja tranquilidade por fora e angústia por dentro. Desfrutarás a amenidade do clima social que te envolve com os mais elevados testemunhos de apreço e respirarás, muitas vezes, no ambiente convulsionado de provações entre as paredes fechadas do reduto doméstico. Entenderás, porém, que somos trazidos a viver, uns à frente dos outros, para aprendermos a nos amar reciprocamente como filhos de Deus.

Perceberás, pouco a pouco, segundo os princípios de causa e efeito, que as mãos que te apedrejam são aquelas mesmas que ensinaste a ferir o próximo, em outras eras, quando o clarão da verdade não te havia iluminado o discernimento e reconhecerás nos lábios que te envenenam com apontamentos caluniosos aqueles mesmos que adestraste na injustiça, entre as sendas do passado, a fim de te auxiliarem no louvor à condenação.

Ergues-te hoje sobre a estima dos corações com os quais te harmonizaste pelo dever nobremente cumprido, entretanto, sofres o retorno das crueldades que te caracterizavam em outras épocas por intermédio das ciladas e injúrias que te espezinham o coração.

Considera, porém, o apelo do amor a que somos convocados dia por dia e dissolve na fonte viva da compaixão o fel da revolta e a nuvem do mal. Aceita no educandário da reencarnação a trilha de acesso ao teu próprio ajustamento com a vida, amando, entendendo e servindo sempre.

Se alguém te compreende, ama e abençoa. Se alguém te injuria, abençoa e ama ainda.

Seja qual seja o problema, nunca lhe conferiras solução justa, se não te dispuseres a amar e abençoar.

Onde estiveres, ama e abençoa sem restrições ante a consciência tranquila e conquistarás, sem delongas, o domínio do bem que vence todo mal.

Chico Xavier

13
Realidade e nós

Aspiras à união com Jesus e, consequentemente, à vitória da paz em ti mesmo.

Para conseguir semelhante realização, será preciso, porém, penetrar mais profundamente no significado das palavras do Cristo: "e aquele que quiser vir em meus passos, renuncie a si mesmo, tome a sua cruz e siga-me".

A fim de que os liames inferiores da personalidade sejam desatados, de modo a empreendermos a marcha na direção do Senhor, é necessário, entretanto, desarraigá-los de nossa realidade e não da realidade dos outros.

Por isso mesmo, se nos propomos renovar-nos, é imperioso deixar que os demais livremente se renovem.

Não tiveste o pai que desejarias e nem a progenitora que esperavas? Ama-os, tais quais se revelam, e abençoa-os pelo bem que te fizeram, trazendo-te à escola humana.

Não achaste o esposo ou a esposa, na altura de teus ideais? Aceita o companheiro ou a companheira que a vida te deu, exercendo a tolerância e o amor, observando que todos somos ainda espíritos incompletos, na oficina da evolução.

Não possuis nos filhos os seres afins com que sonhavas? Acolhe-os como são e dá-lhes a melhor ternura da própria alma, na certeza de que também eles estão a caminho da perfeição que para nós todos ainda vem muito longe.

Não vês nos irmãos e nos amigos os gênios de bondade e abnegação que supunhas? Abraça-os, qual se mostram e lhes oferece o apoio fraterno que se te faça possível, sem algemá-los a pontos de vista.

Cada criatura vive na realidade que lhe é característica. Em toda parte, cada um de nós em sua luta, em sua dificuldade, em sua prova, em seu problema.

Enquanto nos pomos a censurar, não conseguimos entender.

Enquanto exigimos, não aprendemos a auxiliar.

Deixemos cada companheiro ou companheira de caminho na realidade que lhes toca e, amando e abençoando a todos, atendamos à realidade que nos diga respeito, reconhecendo que não nos achamos no educandário da experiência para dar as lições alheias e, sim, dar conta das lições outras que, pelas aulas do dia a dia, a própria vida confere a nós.

Chico Xavier

14
Liberdade alheia

SEMPRE QUE EXERCEMOS INFLUÊNCIA SOBRE alguém que renteia conosco nos caminhos da madureza, seja na condição de pais ou mentores, familiares ou amigos, é muito fácil ultrapassar os limites da conveniência travando naqueles que mais amamos os movimentos com que se dirigem para a liberdade.

Pratiquemos, sim, a beneficência da educação procurando orientar, instruir e corrigir amando sempre, mas sem violentar e sem impor.

Costumamos providenciar tudo a benefício dos entes queridos quanto ao aprovisionamento de recursos naturais, esquecendo-nos, porém, bastas vezes, de doar-lhes a oportunidade de serem como devem ser. Nesse sentido, vasculhemos o próprio espírito e verificaremos quanto estimamos a faculdade de sermos nós próprios, de abraçar as crenças que se nos mostrem mais consentâneas com a capacidade de discernir, de sermos respeitados nas decisões que assumimos, de buscar o tipo de felicidade que mais se nos coadune com a paz de espírito e de escolher os amigos que nos pareçam mais dignos de atenção ou de afeto. Ainda, quando nos enganemos, sabemos aproveitar a lição para subir na escala de nossa adaptação à realidade, debitando-nos os erros e fracassos, com que sejamos defrontados, sem razão para nos queixarmos dos outros.

Meçamos a necessidade de emancipação no próximo pelo nosso próprio anseio de independência e, sempre que nos caia sob os olhos qualquer estudo em torno da indulgência, recordemos a dádiva preciosa que todos os nossos companheiros de experiência esperam de nós em aflitivo silêncio; a permissão de cogitarem do seu próprio aperfeiçoamento na escola permanente da vida tão autênticos e tão livres como Deus os fez.

15

No balanço das provas

Não raro deitamos a culpa de nossos fracassos e aflições sobre os outros, todavia, acautelemo-nos contra semelhante atitude.

Fixemo-nos, ao revés disso, em nossas infinitas possibilidades de ação e renovação.

Provavelmente, em nossas fraquezas, teremos sido alguma vez defrontados pela tentação de acusar amigos ou adversários, quanto aos acontecimentos desagradáveis que nos ocorrem, no entanto, basta investigar o íntimo para reconhecermos que as nossas falhas e erros pertencem às opiniões e decisões que formamos por nós próprios. Todos estamos entrosados uns com os outros, através de vastas cadeias de relações e reações, no intercâmbio espiritual, e as experiências que nos são necessárias decorrem de nossa vinculação com o próximo.

Urge, porém, reconhecer que, seja endereçando sugestões a alguém ou recolhendo as sugestões de alguém, reponderemos por nossas resoluções. Na oferta ou no aceite de ideias e emoções formulamos compromissos, porquanto, os princípios de causa e efeito funcionam igualmente nos domínios da palavra empenhada.

Abstenhamo-nos de atirar culpas e reprovações nos ombros alheios quando se faz inarredável nossa quota pessoal de débitos na conta dos obstáculos e dificuldades que nos povoem a vida.

Cada qual de nós se rodeia inelutavelmente pelos resultados das próprias obras.

Verifiquemos a nossa parte de responsabilidade nas atribulações do caminho e, abracemos com resignação e serenidade as consequências de nossos gestos menos felizes, refazendo escolhas e diretrizes sem necessidade de apontar as possíveis faltas alheias.

Pacifiquemos e aperfeiçoemos a nossa área de ação e estejamos convencidos de que, se dermos o melhor de nós, realizando o melhor que se nos faça acessível ao esforço individual, no campo da vida, o Senhor complementar-nos-á o trabalho, fazendo o resto.

Chico Xavier

16
Religião e nós

Religião, em tese, é a presença do Criador na criatura, guiando a criatura no rumo da perfeição.

Compreendendo assim, reconhecemos que todos os assuntos de administração humana são temas das leis humanas, que a todos nos compete respeitar e prestigiar."

Entretanto, no mundo de nós mesmos, é justo contar com a religião para resolver-nos os problemas da vida íntima.

E, se a religião não nos ajuda a conduzir atitudes e sentimentos...

Se não nos ampara, nas horas de crise ou de tentação, ensinando-nos a observar e raciocinar...

Se não nos suprime os conflitos de origem sexual, esclarecendo-nos que a comunhão afetiva se relaciona com a responsabilidade dos parceiros que a compartilham, baseando-se na lealdade aos compromissos assumidos e nas decisões da consciência de cada um...

Se não nos propicia entendimento e resignação diante da dor, demonstrando-nos com os princípios de causa e efeito que nunca feriremos a alguém sem ferir a nós próprios...

Se não nos imuniza contra a revolta, ante as aparentes desigualdades sociais, induzindo-nos a aceitar a Justiça de Deus imanente nas menores ocorrências da vida...

Se não nos demonstra que a nossa renovação para o melhor pode acontecer em qualquer lugar e em qualquer tempo, tudo dependendo de nossa própria vontade...

Se não nos favorece com visão nova da vida, para além do plano físico, arrancando-nos ao desespero e sustentando-nos a paz e a conformidade, nos dias cinzentos de adeus aos entes queridos, perante a separação temporária, frente do túmulo...

Então, a religião terá fracassado, mas urge reconhecer que não fracassou e nem fracassará em sua elevada missão de tutora maternal das criaturas terrestres, consolando-as e redimindo-as nas múltiplas faixas de trabalho em que se especifica; e, por testemunho do que afirmamos, temos atualmente a Doutrina Espírita entre os homens, restaurando o Cristianismo e explicando as leis que regem o ser e o destino, a vida e a morte, o sofrimento e a evolução, em todas as frentes da Humanidade.

Chico Xavier

17
A chave bendita

EFETIVAMENTE, MUITOS SÃO OS PROBLEMAS QUE nos assediam a existência. Dificuldades que não se esperam, tribulações que nos espancam mentalmente de imprevisto, sofrimentos que se instalam conosco sem que lhes possamos calcular a duração, desajustes que valem por dolorosos constrangimentos.

Se aspiras a obter solução adequada às provas que te firam, não te guies pela rota do desespero.

Tens contigo uma chave bendita – a chave da humildade, cunhada no metal puro da paciência.

Perante quaisquer tropeços da estrada, usa

semelhante talento do espírito e alcançarás para logo a equação de harmonia e segurança a que pretendes chegar.

Nada perderás, deixando que alguém fale com mais autoridade do que aquela de que porventura disponhas; nunca te diminuirás por desistir de uma contenda desnecessária; em cousa alguma te prejudicarás abraçando o silêncio de conceitos deprimentes que te sejam desfechados; não sofrerás prejuízo em te calando nessa ou naquela questão que diga respeito exclusivamente às tuas conveniências e interesses pessoais; grandes lucros no campo íntimo te advirão da serenidade ou da complacência com que aceites desprestígio ou preterição; jamais te arrependerás de abençoar ao invés de reclamar, ainda mesmo em ocorrências que te amarguem as horas; e a simpatia vibrará sempre em teu favor, toda vez que cedas de ti mesmo, a benefício dos outros.

Efetuemos os investimentos valiosos de paz e felicidade, suscetíveis de serem capitalizados por nós, através dos pequeninos gestos de tolerância e bondade, e o programa de trabalho a que a vida nos indique ganhará absoluta eficiência de execução.

Seja na vida particular ou portas adentro de casa, no grupo de serviço a que te vinculas ou na grande esfera social em que se te decorre a existência, sempre que te vejas à beira do ressentimento ou revide, rebeldia ou desânimo, nunca te entregues à irritação.

Tenta a humildade.

Chico Xavier

18
Tropeços e desgostos

BENEFICÊNCIA RARAMENTE OBSERVADA: poupar aos outros a participação nos tropeços ou desgostos que nos afetem a vida.

Pensa na inquietação que experimentas quando familiares e amigos te comunicam um problema pessoal, que não consegues resolver, e, tanto quanto possas, procura dissipar, por ti mesmo, as nuvens de aflição que, porventura, ensombrem-te o campo íntimo. Para isso, entrega-te às tarefas novas, cuja execução se te faça compatível com as próprias forças e nas quais te reconheças útil aos demais.

Se não podes efetuar, de imediato, semelhante

esforço, desloca-te, pouco a pouco, do mundo mental menos ajustado ao encontro de atividades diferentes das obrigações rotineiras, suscetíveis de propiciar-te refazimento ou renovação.

A leitura de um livro edificante...

Uma visita construtiva...

O passo na direção daqueles que atravessam dificuldades maiores, no objetivo de auxiliá-los...

O aprendizado de técnicas que enriqueçam a personalidade...

Tudo o que deves esquecer, tanto aquilo que te compete lembrar, é de suma importância, não somente em socorro da restauração própria, como também no apoio à essa beneficência genuína, em que o teu silêncio é valioso fator de imunização da paz, naqueles que te rodeiam, principalmente naqueles a quem mais amas.

Se a criatura a quem te confias no capítulo da perturbação ou da enfermidade não dispõe de recursos suficientes para melhorar-te a situação, a queixa em que te extravasas é tão somente um processo de amargurar os entes amados ou um meio de expulsá-los de teu convívio.

Guarda o teu sofrimento e o mostra unicamente àqueles amigos que te possam medicar com segurança, para não destruíres o apoio e a colaboração daqueles sobre os quais te sustentas.

Basta que o desejes e a vida te revelará múltiplos caminhos de reajuste e libertação.

Sai de ti mesmo, carregando a tua dor, ao encontro das dores maiores que nos cercam, em todas as direções, a fim de minorá-las, e regressarás, cada dia, a ti mesmo, trazendo uma partícula nova a mais de compreensão – da bendita compreensão de que todos somos irmãos, sob a paternidade de Deus –, com dever claro e simples de auxiliar-nos uns aos outros, a fórmula mais alta de assegurarnos o equilíbrio constante ou o reequilíbrio integral.

Chico Xavier

19
Eles, os outros

Eles chegam de todas as direções na moldura dos acontecimentos.

São eles os outros, nossos irmãos de caminho, que se transformam em caminho para o Mais Alto.

É por eles que a Bondade do Senhor nos encontra, habilitando-nos para isso.

No mundo, repontam no lar por parentes e associados no vínculo doméstico que se nos fazem professores de burilamento espiritual.

São amigos e nos ajudam a executar os encargos de que a vida nos encarrega ou são adversários e nos radiografam os recessos da alma, fixando-nos os mínimos defeitos a fim de que venhamos a corrigi-los.

Aparecem na posição de necessitados, testando-nos o amor e o desprendimento da posse, ou benfeitores que nos estendem o coração e os braços em forma de auxílio, afirmando-nos, sem palavras, que jamais nos achamos esquecidos de Deus.

É através deles, os outros, que efetivamente somos nós em nós.

Os que brilham na vanguarda estão aptos a instruir-nos, e os que se nos situam à retaguarda são aqueles que nos avaliam as possibilidades de auxiliar.

Os mais felizes são aqueles que já trabalham, de algum modo, em favor de muitos ou a benefício de alguém e, por este motivo, são os que constroem.

Os menos felizes são aqueles outros que ainda não conseguem aceitar o valor do trabalho e a felicidade de servir e, por isso, são aqueles que esperam.

Todos, porém, somos filhos da Sabedoria Divina, necessitados uns dos outros.

Observemos a nossa conduta, diante do próximo, porque, em verdade, os outros nos medem a altura espiritual, no dia a dia, trazendo-nos, segundo as nossas próprias necessidades, o ensinamento da justiça e o socorro da bondade que se derramam das Leis da Vida. E a vida é sempre uma escola para todos, mas urge considerar que são os outros que nos traçam a nota ao progresso e ao merecimento de cada um, no currículo das lições.

Chico Xavier

20
Trabalha e espera

Nunca te suponhas a sós em servindo à seara do bem.

Os Mensageiros do Senhor estão sempre abençoando, secundando, apoiando e complementando-te o trabalho.

E não precisam trombetas para se anunciarem e nem requisitam dispositivos de alarme para te entregarem o amparo de que se fazem portadores.

Em silêncio, sabem escolher oportunidades, processos, maneiras e pessoas para isso.

Observa.

Abeiravas-te da exaustão no capítulo das disponibilidades materiais para o sustento das boas obras, entretanto, no ápice da necessidade, alguém apareceu, estendendo-te o concurso preciso.

Impedimentos domésticos passaram a obstar-te a cooperação no auxílio aos semelhantes, todavia, quando tudo se te afigurava entrave indissolúvel, algo sucedeu quebrando-te as amarras e desanuviando-te o caminho.

Doenças te ameaçavam com a paralização das possibilidades de servir e até mesmo com a desencarnação, contudo, no instante mais grave, do mecanismo das circunstâncias repontaram o remédio a justa de que carecias para continuares em ação.

Provações do círculo íntimo te impuseram grande sobrecarga de tarefas, induzindo-te à inquietação e ao sacrifício, no entanto, quando a situação te parecia insustentável, providências surgiram, de inesperado, em teu auxílio.

Problemas diversos te afligiam a alma, acenando-te com a ruptura de tuas nobres realizações em andamento, mas quando as tuas melhores esperanças se apresentavam como sendo claramente frustadas, acontecimentos imprevistos liquidaram com eles e a estrada se te clareou novamente.

Confia nos Mensageiros do Senhor, cujo amparo nunca falha.

No entanto, seja qual seja o obstáculo não te dês à rebeldia ou lamentação, e, sim, continua trabalhando e oferecendo à vida o melhor que possas fazer.

Os Mensageiros do Senhor estão junto de nós e por nós e jamais nos abandonam. Ainda assim, mesmo quando o auxílio de que careças se te afigure tardar, continua fiel ao dever de servir, porque o barulho da queixa ou a gritaria da revolta podem talvez dificultar o socorro que vem vindo.

Chico Xavier

21
Na trilha da felicidade

Falas comumente da felicidade, qual se te referisses à deidade remota, quando esse filão de alegria se te localiza ante os pés.

Felicidade, porém, não é conquista fácil, prodígio de herança, episódio social ou bafejo da fortuna.

Somos convidados pela vida a criá-la em nós e por nós, como sucede com todas as nossas aquisições humanas.

Plantas o milharal, e o milharal te responde ao carinho com o tesouro da colheita.

Instalas a usina junto de forças determinadas da

natureza, e essas forças da natureza te retribuem com vigorosos reservatórios de força.

No mesmo sentido, a felicidade atira as próprias sementes no caminho de todos, especialmente, entre aqueles que jazem atormentados por desenganos e lágrimas e, a breve tempo, ei-la que te oferta messes valiosas de esperança e ventura, tranquilidade e cooperação.

Aqui, o próximo em penúria te solicita singela fatia de reconforto; ali, se te pede ligeiro auxílio a favor de mães e crianças desamparadas; além, irmãos enfermos em desvalia esperam de ti alguns minutos de atenção e bondade, categorizados por eles à conta de apoio celeste; adiante, as vitimas das inquisições sociais te esmolam simpatia e compreensão num olhar de ternura; mais adiante, os caídos em viciação e delinquência te suplicam apenas uma palavra de encorajamento e de paz que lhes dulcifique o coração; e, por toda parte, amigos e adversários, muitas vezes, aguardam de ti uma frase só de entendimento e generosidade, fé e bênção, que os auxilie a caminhar.

Descerra a própria alma à influência do Cristo que jamais se negou a criar o bem nos outros e para os outros e, um dia, escutarás de espírito jubiloso, ao te despedires dos nossos irmãos da Terra:

– "Bendito sejas, coração amigo! O mundo ficou melhor e mais feliz porque viveste."

Chico Xavier

22

Socorro e solução

Aflições, crises, provas, tentações!...

Quantas vezes terás procurado sofregamente o primeiro e seguro passo para sair delas!

Entretanto, uma alavanca mental existe, capaz de soerguer-te de qualquer prostração, desde que te disponhas a manejá-la.

Antes de tudo, porém, é forçoso te desvencilhes de qualquer pensamento de derrotismo e inconformidade.

Não importa hajas atravessado penosos desenganos, onde se te concentravam todas as esperanças...

Não importa te vejas à margem dos melhores amigos, de espírito relegado à incompreensão...

Não importa que ciclones de sofrimento te hajam varrido os escaninhos da alma, arrebatando-te temporariamente o incentivo de trabalho e a alegria de viver...

Não importa estejas sob as consequências amargas de erros cometidos...

Não importa que a maioria te menospreze as opiniões, lançando-te ao descrédito...

Não importa que a injúria te haja situado na faixa do desencanto...

Não importa que altos prejuízos te imponham espinhosos recomeços...

Não importa que dificuldades inúmeras se acumulem ao redor de teus passos, impelindo-te o coração a complicados labirintos...

Importa que te levantes em espírito, que aceites o impositivo do próprio reajuste para o equilíbrio perfeito, que te esqueças do mal, consagrando-te ao serviço do bem, e que abençoes todas as circunstâncias da vida... Feito isso, por mais escabroso seja o problema ou mais dolorosa a provação, se acionas a alavanca da fé viva no Sábio e Amoroso Poder que dirige o Universo, perceberás, de inesperado, que Deus te oferece socorro e solução.

Chico Xavier

23
Antes da crise

No ápice das grandes provações, muitas vezes, tumultuam-se os que anseiam compartilhar da prestação de serviço.

Ante um naufrágio, aparecem os candidatos ao concurso de urgência, lançando petições inconsideradamente ou improvisando salva-vidas com os inadequados recursos que encontram.

Se um incêndio devora uma casa, comprometendo-lhe a segurança, habitualmente, eis-nos lépidos na ação, quase sempre descontrolada, para que o fogo se extinga.

Felizmente que assim é na exaltação da solidariedade nas horas difíceis.

Benditos sejam os braços tocados de amor fraterno que se dedicam à elevada missão do bem.

Entretanto, na culminância das grandes tribulações, ser-nos-á lícito meditar na importância do auxílio das horas de paz.

É impossível que as águas invasoras de uma represa esbarrondada nunca saíssem do leito, criando dificuldades, se alguém houvesse espontaneamente corrigido a obscura brecha inicialmente surgida na construção.

Certos prédios talvez jamais se precipitassem no solo, ocasionando prejuízos enormes, se alguém houvesse ajudado com humildade a retificar, na planta que lhes deu origem, esse ou aquele diminuto erro de cálculo.

Sabemos que as leis cármicas são positivas, no entanto, não desconhecemos que o amor e a renovação lhes refazem os efeitos.

Pensemos nisso, a fim de valorizar os donativos de cooperação considerados mínimos.

Pequena demonstração de bondade pode sustar o braço quase delinquente, impedindo o suplício de vastos grupos domésticos.

Um gesto de compreensão é capaz de obstar a queda de alguém na toxicomania, evitando milhares de dias amargos para diversas pessoas.

Algumas horas de diálogo amigo, em muitos casos, apaga a ameaça de suicídio iminente, imunizando centenas de criaturas contra o pessimismo e desânimo.

Singela colaboração amoedada é suscetível de apaziguar uma família em penúria, frustrando aflitivas provas no nascedouro.

A grande crise, no terreno individual ou coletivo, em muitas circunstâncias, define-se como sendo a grande soma das nossas pequeninas omissões na prática do bem, gerando a condensação do mal.

Justo nos comovamos, dispondo-nos a suprimi-la onde apareça, entretanto, importa refletir no valor das nossas pequeninas doações de auxílio e compreensão, antes dela.

Chico Xavier

24
Mecanismo do auxílio

TODOS SOMOS FILHOS DE DEUS E, NESSA CONDIção, de um modo ou de outro, carecemos todos nós do Amparo Divino.

Meditando nisso, não teremos qualquer dificuldade para reconhecer o imperativo do apoio mútuo, em todos os nossos processos de vivência, já que não compreendemos em Deus justiça sem bondade e nem bondade sem justiça.

Por essa mesma razão, é fácil observar a necessidade do ajustamento entre socorro e cooperação.

A fim de que o mecanismo do auxílio funcione com segurança, entre aquele que necessita de amparo e aquele que pode ajudar relativamente, é indispensável venha a surgir e fixar-se o auxílio daqueles outros que possam ajudar mais ainda.

O doente não prescinde do tato e do entendimento de quem o assiste, a fim de que o médico disponha do campo adequado à atuação curativa.

A criança reclama a vigilância de pais ou tutores que a protejam para que o professor, junto dela, encontre o clima propício à obra da educação.

E criatura alguma, integrada nas responsabilidades próprias, se lembrará de perturbar o trabalho da recuperação física e do aprimoramento cultural com interferências inoportunas.

Assim ocorre quanto ao socorro espiritual.

Os amigos que operam em mais elevado nível de evolução estão prontos à prestação de serviço, em favor dos companheiros em estágio educativo na Terra, mas, para isso, aguardam o concurso dos irmãos amadurecidos na experiência que se lhes erijam em suportes as boas obras que lhes caibam realizar.

Impossível que os Instrutores da Paz consigam tranquilizar o ambiente humano quando os que verificam o imperativo da paz agravam os problemas formados pela discórdia.

Impraticável a ação dos Espíritos Benfeitores na restauração íntima de alguém quando aqueles que reconhecem a imposição de semelhante reajuste descambam para a condenação.

Se anelamos a libertação do mal, saibamos colaborar na extinção do mal.

Se nos propomos sanar o desequilíbrio, procuremos rearmonizar.

Amigos do mundo, sempre que buscardes o concurso daqueles amigos outros que se domiciliam na Vida Maior, recordai que lhes sois os pontos de apoio para que a colaboração deles se efetue.

Em qualquer plano do Universo, toda vez que desejarmos realmente o bem, é forçoso nos convertamos em colunas vivas do bem.

Chico Xavier

25

Sobrevivência

ENQUANTO ENCARNADOS NO PLANETA TERREStre, um tipo de sobrevivência nos interessa, sobremaneira, além daquele para o qual se nos dirigem os pensamentos para lá da morte física: – a sobrevivência, depois de rudes golpes sofridos. Particularmente, no mundo moral, semelhantes provas repontam com frequência.

É o prejuízo inesperado, a confiança escarnecida, a perseguição com que se não contava, a incompreensão de pessoas queridas.

Noutros lances da existência, é a ruptura de laços afetivos, a transformação violenta que os desastres impõem, o obstáculo imprevisto, os pensamentos da solidão.

Em todos esses episódios amargos, lembrando trechos incendiados de caminho, a criatura é habitualmente induzida a processos de angústia dos quais se retira, quase sempre em perigoso desgaste.

Urge reconhecer que a serenidade nos deve partilhar a viagem terrena, a fim de que a aflição não se nos faça exaustor de energias.

Abstenhamo-nos da tensão emocional, como quem se previne contra a incursão de moléstia grave; os agentes imunológicos, nesse sentido, são sempre o amor que desterra o ódio, a paciência que exclui a irritação, a humildade que afasta a inveja e a prestação de serviço que anula a desconfiança.

Aprendamos a observar que o desequilíbrio é precursor provável de doença que, não raro, termina com a desencarnação prematura, e procuremos nos certificar de que, nas lutas com que somos testados, na Terra e fora da Terra, na escola da experiência é necessário que saibamos não somente viver e aperfeiçoar, mas também suportar e sobreviver.

26

Abolição do mal

Quem se refere a perseguições e calúnias, rixas e desgostos, na maior parte das circunstâncias, está destacando a influência do mal.

Quantos milhares de caminhos, entretanto, para equilíbrio e restauração, alegria e esperança se todos nos empenhássemos a extinguir impressões negativas no nascedouro!

Determinado amigo terá incorrido no erro de que o acusam, todavia se nos afastamos da censura que o envolve, anotando-lhe unicamente as qualidades nobres de filho de Deus, com possibilidades de recuperação iguais às nossas, mais depressa se verá liberto da inquietação na sombra para readquirir a tranquilidade de consciência.

Certo acontecimento menos feliz haverá sido indiscutivelmente um desastre social, no entanto, se nos abstemos de comentá-lo nos aspectos destrutivos, teremos cooperado para que se lhe pulverizem os destroços morais sem piores consequências.

Aquela injúria assacada contra nós, efetivamente nos haverá queimado as entranhas do ser, entretanto desaparecerá nas correntes profundas do tempo, se nos consagramos a olvidá-la, sem comunicar-lhe o fogo devorador aos entes queridos, através de alegações menos edificantes.

Essa confidência amarga ter-nos-á atingido o coração, por farpa invisível, mas não ferirá outros, se nos dispusermos a esquecê-la.

Reflitamos na contribuição da paz a que todos somos chamados e para a qual todos somos capazes com segurança e eficiência.

Para começar, porém, de maneira substanciosa e definitiva, é preciso que o mal cesse de agir, tão logo nos alcance, encontrando em cada um de nós uma estação terminal das trevas.

27

Autoaceitação

No CAPÍTULO DA INSATISFAÇÃO, URGE CONSIderar que dispomos atualmente, na Terra, de avançadas ciências psicológicas, ensinando-nos a conhecer as deficiências e inibições dos outros, entretanto, muito dificilmente reconhecemos com elas o impositivo de estudarmos, não apenas a fim de entendê-las, mas igualmente com o objetivo de aceitar-nos tais quais somos.

Admitimos os desajustes e desequilíbrios alheios, todavia, em se tratando dos nossos, muito frequentemente caímos em aflição e rebeldia, aniquilando, tantas vezes, valiosas possibilidades de serviço em nossas mãos.

Cada um de nós se coloca em determinado degrau de trabalho e de elevação, para atender aos Desígnios da Vida Superior, traçados em auxílio a nós mesmos.

Esse é doente ainda; outro convalesce de longa enfermidade espiritual; aquele, carrega as consequências de antigos desequilíbrios; aquele outro, dispõe de reduzida instrução; e aquele outro ainda, transporta consigo próprio os resultados graves de inquietantes débitos contraídos.

Todos somos, no entanto, filhos imortais de Deus e, pelos mecanismos da Divina Providência, cada um de nós está situado por si mesmo nas condições justas, nas quais venhamos a receber novas oportunidades de trabalho e aprendizagem, reajustamento e melhoria, reequilíbrio e renovação.

Ainda assim, se teimamos em não reconhecer a realidade que nos é própria, não somente perderemos tempo precioso, mas também correremos o risco de comprar à inveja e ao ciúme, ao ódio e ao desespero, sofrimento e problemas de que não temos a menor necessidade.

Ante as provas e tribulações que nos cerquem, aceitemo-nos como somos, a fim de extrairmos de nós com sinceridade o máximo de bem de que sejamos capazes na ampliação do bem geral, porque a vida é um parque de promoções permanente para quem trabalha e serve, e todo espírito que se aceita qual é, de modo a fazer de si o melhor que pode, para logo desvencilhar-se de qualquer sombra, a fim de engajar-se na jornada bendita incessante de luz e mais luz.

Chico Xavier

28
Missão espírita

Ruge na Terra tormenta renovadora.

O mundo social se assemelha a grande cidade hesitando nos fundamentos.

O colapso de valores seculares da civilização, embora exprima ansiedade pelo que é novo, lembra a destruição de antigo cais, efetuada imprudentemente sem construções que o substituam.

A licença desafia o conceito de liberdade.

A indisciplina procura nomear-se como sendo revisão de conduta.

É a tempestade de transição englobando lutas gigantescas e necessárias.

No entrechoque das paixões e das sombras, a missão espírita há de ser equilíbrio que sane a perturbação e luz que vença as trevas.

Para isso, se trazes o coração alerta na obra criativa e restauradora, recorda que não se te pedem exibições de grandeza na ribalta da experiência.

Sê a frase calmante que diminui a aflição ou o copo de água simples que alivie o tormento da sede.

Inumeráveis são as lágrimas, não as aumentes. Enormes são os males, não os agraves.

Problemas enxameiam em toda parte, não os compliques.

Sofrimentos abarrotam caminhos, não lhes alargues a extensão.

Conflitos obscurecem a vida, em todos os setores, não os estendas.

Muita vez, perante as dificuldades dos tempos novos, solicitas aviso e rumo do Plano Superior para o seguro desdobramento dos deveres que te cumpre desempenhar. E, sem dúvida, os poderes da Vida Maior não te recusarão esclarecimento e roteiro. Entretanto, é justo ponderar que, se esperamos pelas Forças Divinas, as Forças Divinas igualmente esperam por nós. Saibamos, consequentemente, prestigiá-las e acolhê-las, em nossa área de trabalho e de ideal, estimulando a sementeira da paz e fortalecendo o serviço de elevação.

Chico Xavier

29

Fiéis sempre

Na equipe de serviço ao próximo, em que o Senhor te situou, aceitarás a nobreza de servir.

Muitos companheiros te falarão de obediência, incentivando o dissídio e outros muitos se referirão à prosperidade, apoiando a indolência.

Escutarás vozes diversas, apregoando renovação, para se apagarem depois em desequilíbrio ou loucura, e registrarás comovedores apelos à liberdade da parte de muitos que se encaminham para rebeldia ou licença.

A nenhum deles censurarás.

Compadecer-te-ás não apenas de semelhantes vítimas da ilusão, mas igualmente dos empreiteiros do mal que entretecem, inadvertidamente, a rede da sombra a que se precipitam nossos irmãos, para despencarem, eles mesmos, um dia, no bojo das trevas expiatórias.

Atravessando a ventania da discórdia ou da violência, da incompreensão ou da indisciplina, guiarás o barco da própria fé, assegurando lealdade ao rumo escolhido.

Manterás, por isso mesmo, a paciência e a compaixão por alavancas de apoio no trabalho que o mundo te deu a efetuar e usarás a ferramenta de ação de que o Senhor te muniu, na seara do bem, amparando e elevando sempre.

De quando em quando, surgem os dias de tribulação maior na turma das boas obras, em cuja harmonia e eficiência deves colaborar.

Esse irmão foi surpreendido pelo sofrimento e para seguir à frente.

Outro sonhou com realizações fantasistas e largou a construção em andamento, a fim de aprender que o tempo não confere autenticidade às edificações.

Aquele outro preferiu descansar nas ilhas de imaginário repouso, atrasando o relógio da própria evolução.

Outro ainda admitiu que a tarefa espiritual lhe desprestigiava a dignidade e abandonou a oficina, atendendo ao influxo de ambições desmedidas, de cujos desencantos no futuro voltará para o recomeço na ciência do bem.

A todos bendirás e por todos orarás, consciente de que nenhum de nós, até agora, acha-se isento de precipitação nos mesmos erros.

Em meio, porém, de todas as ilusões e desvarios, sustentarás o amor ao próximo, como sendo a luz de tua marcha e, leal à própria consciência, ouvirás, a cada passo, a voz do Eterno Amigo a repetir-te nos recessos do coração:

– E, entre todos aqueles que me seguem ou me procuram, o maior será sempre aquele que se fizer o fiel servidor.

Chico Xavier

30

Erros e faltas

IMAGINEMO-NOS DIANTE DE UMA FALTA ALHEIA que nos fere e aborrece. Erro que nos humilha e estraga a tranquilidade.

Provavelmente, o delito terá sido até mesmo perpetrado contra nós.

Vale, porém, conscientizar atitudes antes de apresentar qualquer reação.

Se te vês em condições de raciocinar, será justo inquirir de ti próprio se a pessoa em falha permanece em harmonia consigo própria.

Disporá do equilíbrio que, porventura, estejamos desfrutando para ajuizar com o possível acerto em torno de acontecimentos e coisas? Que antecedentes lhe ditaram a mudança de conduta? Haverá contado na existência com as escoras afetivas que nos resguardam a segurança, desde muito tempo? Que recursos de autoeducação recebeu para evitar a queda em que se nos fez objeto de inquietação? Que forças lhe pesam na mente para abraçar comportamento contrário à nossa expectação e confiança?

Se te dispuseres ao autoexame indispensável à preservação da consciência tranquila, sem nenhum obstáculo, compreenderás o ensinamento do Cristo que nos pede amor pelos inimigos e recomenda se perdoe a ofensa setenta vezes sete vezes, sempre que nos bata à porta ou nos visite o coração.

E não basta unicamente observar a posição anômala em que os nossos companheiros terão agido. Razoável reconhecer que se vivemos, sentimos, pensamos, falamos e trabalhamos juntos, somos espíritos na mesma faixa de evolução, uns mais à frente e outros um tanto à retaguarda do progresso, guardando todos a possibilidade de errar pelos empeços morais que ainda nos caracterizam.

A diferença entre aqueles que se transviam e aqueles que se conservam em linha reta é que o companheiro ainda impecável se mantém de freios seguros no carro da própria vida e o outro, o que errou, perdeu temporariamente o controle da direção.

Chico Xavier

31
Paciência e trabalho

Auxílio se baseia na comunicação, e toda comunicação, a fim de expressar-se, roga caminho.

Isso transparece dos processos mais simples da vivência comum.

O medicamento, via de regra, pede veículo para alcançar os mais entranhados redutos da vida orgânica.

Fontes garantem cidades reclamando redes de canalização.

A força elétrica, para ser alavanca de atividade e progresso, exige fios transmissores.

E até mesmo o próprio pensamento materializado, no plano físico, para atingir a mente alheia necessita acomodar-se em estruturas verbais.

O amparo do Mundo Superior não foge ao sistema.

Paciência com trabalho é o clima indispensável à intervenção da Providência Divina pelos meios imprevisíveis e múltiplos em que a Divina Providência se manifesta.

Observa semelhante lição por ti mesmo.

Ante problemas que aparecem, se te perdes no desespero sem pausa ou se recolhes obstáculos, cozinhando-os indefinidamente na queixa, nada mais consegues senão tumultuar a própria experiência, impedindo a presença da tranquilidade imprescindível ao apoio da Vida Maior.

Quando sofrimentos e provações te batam à porta, refugia-te na paciência e no trabalho e verificarás que agentes ocultos colaboram eficientemente contigo na supressão de quaisquer dificuldades e sombras.

Lembremo-nos disto: sem paciência com o

trabalho, nenhuma obra de elevação se consolida, mas é importante salientar que o trabalho sem a paciência pode induzir a desequilíbrio, tanto quanto a paciência sem trabalho pode favorecer a ociosidade.

Em todas as circunstâncias, serve e espera sempre sem reclamar e adquirirás a certeza de que, com a paciência conjugada ao trabalho, oferecerás constantemente o melhor de ti mesmo em louvor do próximo para receber o melhor dos outros, sem nunca atrapalhar o concurso de Deus.

Chico Xavier

32
Nota de esperança

NAS HORAS DE CRISE, REFLITAMOS NA PRÓPRIA libertação espiritual, a fim de seguirmos, em paz, nas trilhas do cotidiano.

Queixas-te, por vezes, de cansaço e tensão, nervosismo e desencanto.

A experiência terrestre, com as mutações de que se caracteriza, através de impactos incessantes, frequentemente, martela-te o pensamento ou te destrambelha as forças. Ainda assim, é imperioso te refaças, dissolvendo todas as impressões negativas na fonte do entendimento.

Começa por não te permitires a mínima excursão nos domínios obscuros do pessimismo ou da intolerância.

Observa as ocorrências, por piores que sejam, cooperando em tua área de ação, tanto quanto possível, a benefício de todos os que te cercam e aceita as criaturas como são, sem exigir delas o figurino espiritual em que talhas o teu modo de ser.

A diversidade estabelece a harmonia da natureza.

O cravo e a rosa são flores sem se confundirem.

O Sol e a vela acesa são luzes com funções diferentes.

À vista de semelhantes realidades, nos dias de inquietação, não te irrites contra os outros e nem firas a outrem, de modo algum.

Muitas vezes, a aflição é o sinônimo de nossa própria intemperança mental, à frente de abençoadas lições da vida.

Faze, dessa forma, nas circunstâncias difíceis, o melhor que puderes, sem o risco de perder a paz interior que te assegura o equilíbrio.

Sobretudo, saibamos entender para auxiliar.

Se alguém te impõe amargura ou desapontamento, oferece, em troca, simpatia e colaboração ao invés de vinagre ou reproche.

Se o empreendimento fracassa, reconsideremos o trabalho, de novo, com mais segurança.

Ajuda e ajudar-te-ão.

Dá e receberás.

Garante a luz, e a luz clareará o caminho.

Nada te prenda à perturbação, a fim de que possas te desvencilhar facilmente da treva, de modo a avançar e servir.

Por mais escura que seja a noite, o Sol tornará ao alvorecer. E por mais complicada ou sombria se nos faça a senda de provas, é preciso lembrar que, para transpô-la, todos temos, invariavelmente, em nós e por nós, a luz inapagável de Deus.

Chico Xavier

33
Dever e compromisso

Cedeste ao equilíbrio do lar as melhores forças da vida e tudo indica que os teus deveres surgem plenamente cumpridos diante da própria casa. Todavia, enquanto a consciência te dói ao pensar em te desfazeres dos laços domésticos, isso significa que as tuas dívidas para com a equipe familiar ainda não atingiram resgate justo.

Suportaste os piores agravos da parte de determinada pessoa e tudo indica que os teus compromissos para com ela se mostram perfeitamente sanados.

Mas enquanto a consciência te dói ao pensar em te afastares dos aborrecimentos que essa criatura te impõe, isso significa que ainda lhe deves excepcional consideração e mais amplo carinho.

Toleraste humilhações e insultos, dificuldades e empeços, na sustentação do cargo que exerces, da profissão que abraças, da obra a que te afeiçoas ou do empreendimento que realizas, e tudo indica que as tuas obrigações para com eles, se a consciência te dói ao pensar no desligamento das contrariedades e problemas em que te envolvem, isso significa que as tuas vinculações com semelhantes tarefas não alcançaram o fim.

A lei de causa e efeito funciona notadamente dentro de nós.

Em qualquer dúvida, acerca de teu comportamento no bem perante o mal, ouve a mensagem da própria consciência.

Possivelmente, para muitos daqueles que te rodeiam, a tua humildade e abnegação, paciência e amor na desincumbência das responsabilidades que assumiste já te haverão outorgado passaporte na direção de empresas outras de liberdade e renovação, mas enquanto te dói a consciência ao pensar no afastamento de teus sacrifícios pessoais, nos setores de trabalho em que te encontras, isso significa que teu débito para com eles ainda não terminou.

Chico Xavier

34
Vontade de Deus

QUANDO NOS REPORTAMOS À VONTADE DE Deus, referimo-nos ao controle da Sabedoria Perfeita que nos rege os destinos. E, observando nossa condição de espíritos eternos, acalentados pelo Infinito Amor da Criação, ser-nos-á sempre fácil reconhecer as determinações de Deus, em todos os eventos do caminho, a nosso respeito, já que a Divina Providência preceitua para cada um de nós:

saúde e não doença;

trabalho e não ócio;

cultura e não ignorância;

conciliação e não discórdia;

paz e não desequilíbrio;

tolerância e não intransigência;

alegria e não tristeza;

esperança e não desânimo;

conformidade e não desespero;

perdão e não ressentimento;

êxito e não fracasso;

prudência e não temeridade;

coragem e não fraqueza;

fé e não medo destrutivo;

humildade e não subserviência;

intercâmbio e não isolamento;

disciplina e não desordem;

progresso e não atraso;

amor e não indiferença;

vida e não morte.

Se dificuldades, sofrimentos, desacertos e

atribulações nos agridem a estrada, são eles criações nossas, repercussões de nossos próprios atos de agora ou do passado, que precisamos desfazer ou vencer, a fim de nos ajustarmos à vontade de Deus, que nos deseja unicamente o Bem, a Felicidade e a Elevação no Melhor que sejamos capazes de receber dos patrimônios da vida, segundo as leis que asseguram a harmonia do Universo. Eis por que Jesus, exaltando isso, ensinou-nos a reafirmar em oração:

– "Pai nosso, que se faça a tua vontade, assim na Terra como nos Céus."

Chico Xavier

35

Entre irmãos

UM TIPO DE BENEFICÊNCIA INDISPENSÁVEL AO êxito nas tarefas de grupo: o entendimento entre os companheiros.

Não nos referimos ao entendimento de superfície, mas à compreensão de base, através da paciência recíproca, que se apresente, na esfera do trabalho, para a superação de todos os empeços.

Acostumamo-nos a subestimar as exigências pequeninas, como sejam a supressão de um equívoco, a reformulação de um pedido, uma frase calmante em hora difícil, o afastamento de uma queixa... E a tisna de sombra passa a enovelar-se com outras tisnas de sombra; a breve espaço, ei-las transformadas em bola de trevas, intoxicando o ânimo da equipe com a obra ameaçada de colapso ou desequilíbrio.

Não ignoramos que um parafuso desarranjado numa roda em movimento compromete a segurança do carro, que o curto-circuito em recanto esquecido é suscetível de incendiar e destruir edifícios inteiros... Mesmo assim, não sanamos, comumente, o mal-entendido, capaz de converter-se em agente de perturbação ou desordem, arrasando largas somas de serviço, no qual se garante a paz da comunidade. Estabelecido o descontrole no mecanismo de nossas relações uns com os outros, pausemos um minuto de meditação e prece, para observar com serenidade o desajuste em causa ou o hiato havido. Em seguida, aceitemos a mais elevada função da palavra: a da construção do bem e saibamos nos esclarecer, mutuamente, esculpindo o verbo em tolerância e fraternidade, a fim de que a marcha eficiente do grupo não se interrompa.

Certifiquemo-nos de que muito coração do

caminho espera unicamente um toque de gentileza para descerrar-se à alegria e ao trabalho, ao apaziguamento e à renovação, lembrando certas portas de nobre e sólida estrutura que aguentam golpes e murros de violência, sem se alterarem, mas que se abrem, de imediato, sob a doce pressão de uma chave.

Chico Xavier

36
Entendimento com Jesus

Todos podemos realmente dialogar com Jesus, através dos seus ensinamentos, a fim de que se nos descortinem os caminhos da paz e da iluminação espiritual, desde que nos adaptemos ao Senhor, sem exigir que ele se adapte a nós.

As palavras do vocabulário serão as mesmas da experiência comum, no entanto, o sentido surgirá essencialmente diverso.

Exaltaremos os grandes vultos da Terra, que se caracterizam pelo elevado gabarito de inteligência ou de virtude...

O Cristo acrescentará que serão eles efetivamente bem-aventurados se forem humildes de espírito.

Falaremos acerca da liberação do mal...

Aditará o Eterno Benfeitor que alcançaremos isso, desculpando e esquecendo todas as ofensas que se nos façam, perdoando-as não sete vezes, mas setenta vezes sete vezes.

Reportar-nos-emos às lutas e problemas que a todos nos desafiam nas trilhas do aperfeiçoamento e da evolução...

Responderá ele que apenas no exercício constante da paciência é que conquistaremos as nossas próprias almas.

Comentaremos a necessidade do poder...

Ele nos dirá que disporemos de semelhante recurso, através da cruz, ou mais claramente pela aceitação de nossos conflitos e obstáculos, edificando com eles o melhor ao nosso alcance.

Referir-nos-emos aos que nos perseguem e injuriam...

Acentuará o Excelso Amigo que nos compete

colaborar em todo reajuste da harmonia e da segurança, orando pela tranquilidade e pelo progresso de todos eles.

Solicitaremos, talvez, posições destacadas nesse ou naquele setor da vida...

Observar-nos-á ele que o maior no Reino de Deus será sempre aquele que se fizer o servidor de todos.

Não alegues desconhecer o que Jesus pretende de ti. Basta nos afinemos com os propósitos do Senhor, nas lições do Evangelho, e saberemos indubitavelmente tudo aquilo de justo e certo que nos cabe a cada um.

Chico Xavier

37

A estranha crise

O MUNDO VEM CRIANDO SOLUÇÕES ADEQUAdas para a generalidade das crises que o tormentam.

A carência do pão, em determinados distritos, é suprida, de imediato, pela superprodução de outras faixas de terra.

Corrige-se a inflação, podando a despesa.

O desemprego desaparece pela improvisação de trabalho.

A epidemia é sustada pela vacina.

Existe, porém, uma crise estranha – e das que

mais afligem os povos – francamente inacessível à intervenção dos poderes públicos, tanto quanto aos recursos da ciência nas conquistas modernas. Referimo-nos à crise da intolerância que, desde o travo de amargura, que sugere o desânimo, à violência do ódio, que impele ao crime, vai minando as melhores reservas morais do Planeta, com a destruição consequente de muitos dos mais belos empreendimentos humanos.

Para a liquidação do problema que assume tremendo vulto em todas as coletividades terrestres, o remédio não se forma de quaisquer ingredientes políticos e financeiros, por ser encontrado tão somente na farmácia da alma, a exprimir-se no perdão puro e simples.

O perdão é o único antibiótico mental suscetível de extinguir as infecções do ressentimento no organismo do mundo. Perdão entre dirigentes e dirigidos, sábios e ignorantes, instrutores e aprendizes, benevolência entre o pensamento que governa e o braço que trabalha, entre a chefia e a subalternidade.

Consultem-se nos foros – autênticos hospitais de relações humanas – os processos por demandas, questões salariais, divórcios e desquites baseados na intransigência doméstica ou na incompatibilidade de sentimentos, reclamações, indenizações e reivindicações de toda ordem, e observe-se, para além dos tribunais de justiça, a animosidade entre pais e filhos, a luta de classes, as greves de múltiplas procedências, as queixas de parentela, os duelos de opinião entre a juventude e a madureza, as divergências raciais e os conflitos de guerra, e verificaremos que, ou nos desculpamos uns aos outros, na condição de espíritos frágeis e endividados que ainda somos quase todos, ou a nossa agressividade acabará expulsando a civilização dos cenários terrestres.

Eis por que Jesus, há quase vinte séculos, exortou-nos perdoarmos aos que nos ofendam setenta vezes sete, ou melhor, quatrocentas e noventa vezes.

Tão só nessa operação aritmética do Senhor, resolveremos a crise da intolerância, sempre grave em todos os tempos. Repitamos, no entanto, que a preciosidade do perdão não se adquire nos armazéns, porque, na essência, o perdão é uma luz que irradia, começando de nós.

Chico Xavier

38

Problema em serviço

NÃO APENAS QUANDO IRMÃOS MUITO CAROS nos deixam a sós na Seara de Luz. Não somente quando se nos retiram da senda, abraçando tarefas outras de que se acreditam necessitados em louvor da evolução própria.

Igualmente quando se nos desligam do pensamento ou da comunhão mais íntima, embora continuem pessoalmente conosco, é preciso compreender e auxiliar, abençoando-lhes o caminho.

Frequentemente, afeiçoamo-nos aos nossos amigos, com tamanho fervor, que os nossos ideais e as nossas forças se entranham com os deles, em regime de permuta incessante, de cujo circuito extraímos, não raro, larga quota do estímulo de que carecemos para trabalhar e viver.

No entanto, por efeito das tarefas e provas que trazem à existência, em muitas ocasiões, separam-se psicologicamente de nós, para se entrosarem com outras situações e com outras criaturas.

Chegado esse instante, é imperioso ajudá-los com o nosso apoio e entendimento.

E de que modo julgá-los em processo de censura, se não dispomos de medida para avaliar-lhes as necessidades e conflitos do coração?

Esse atingiu as fronteiras da resistência mental e não mais se harmoniza com o nível das tarefas que nos assinalam as esperanças.

Outro procurou vantagens que não mais nos seduzem a vida.

Aquele escutou desafios à mudança que aceitou, em pleno uso da liberdade de escolher.

Aquele outro sofreu o impositivo de circunstâncias constrangedoras, afastando-se da trilha de alegrias mútuas, carregando transitoriamente aflitivos padecimentos morais.

Isso, porém, não pode nos impulsionar à deserção do dever que nos cabe na Seara do Bem.

A verdade é a verdade e todos os nossos entes queridos comungarão conosco à luz da verdade, seja hoje, amanhã ou depois de amanhã. E, quanto a permanecermos sem eles, por algum tempo, na oficina das obrigações que a vida nos deu a realizar, estejamos convencidos de que servir aos outros será sempre, em primeiro lugar, servir a nós mesmos, e de que se formos fiéis ao trabalho do Bem, que essencialmente pertence ao Senhor, o próprio Senhor, através desse mesmo trabalho, em tudo nos guardará e de tudo nos proverá.

Chico Xavier

39

Sentimento, ideia e ação

Adulterar significa tisnar, viciar, mentir....

E nenhuma falta dessa espécie é mais lamentável que aquela de nossa deserção diante das Leis de Deus.

Não podemos olvidar, por isso, que toda negação do bem começa em nosso íntimo, transformando-se, logo após, em ideia, para exteriorizar-se, em seguida, no campo da ação.

Desse modo, podemos atender à justa autocrítica, analisando as nossas tendências ocultas e retificando os próprios hábitos, compreendendo que os nossos sentimentos fecundam, em nosso prejuízo, os resultados que nos caracterizam a marcha.

É assim que temos a preguiça sustentando a ignorância, e a ignorância nutrindo a miséria...

A malícia gerando a crueldade, e a crueldade formando o crime...

A suspeita criando a maledicência, e a maledicência armando a calúnia...

A disciplina criando o trabalho, e o trabalho presidindo o progresso...

A bondade plasmando a cooperação, e a cooperação construindo a beneficência ...

O amor inspirando a renúncia, e a renúncia garantindo a felicidade...

Não te esqueças, dessa forma, de que em ti mesmo se levanta o cárcere de sofrimento a que te aprisionas ou se ergue o ninho de bênçãos em que te preparas à frente de glorioso porvir.

Não basta te convertas em censor de consciências alheias, para que o reequilíbrio do mundo se faça vitorioso. É indispensável a nossa própria defesa contra o assalto das trevas, consoante o ensinamento da Revelação Divina, que recomenda vigiarmos o coração, por situar-se nele o manancial das forças de nossa vida.

40
Abençoar e compreender

Ressentimento não se constitui tão só do azedume que se nos introduz no espírito, quando a incompreensão nos torna intolerantes, à frente das grandes dificuldades de alguém.

Existem igualmente os pequeninos contratempos do cotidiano que, sem a precisa defesa da vigilância, acabam por transformar-nos o coração em vaso de fel, a expelir germes de obsessão e desequilíbrio, ambientando a enfermidade ou favorecendo a morte.

Analisemos essas diminutas irregularidades

que nos será lícito classificar como sendo cargas de sombra íntima:

o descontentamento à mesa porque a refeição não apresente o prato ideal;

a impaciência ante a condução retardada;

a indisposição contra o clima;

a contrariedade em serviço;

o constrangimento para desculpar um amigo;

o mal-estar perante um desafeto;

o melindre desperto, em ouvindo opiniões que se nos mostrem desfavoráveis;

o desagrado nas compras;

o desgosto injustificável em família, unicamente pelo motivo desse ou daquele parente não pensar pela nossa cabeça;

os cuidados exagerados com obstáculos naturais na experiência comum;

a pressa e a agitação desnecessárias;

o descontrole ante uma visita-problema;

a exasperação diante de uma tarefa extra-
-programa;

o desespero contra as provas inevitáveis que a vida nos oferece a cada um.

Tanto pesa na balança o quilo de chumbo em massa, quanto o quilo de palha nela depositado, de haste em haste.

Meditemos, em torno disso, e reconheceremos que o perdão incondicional deve também alcançar as mínimas circunstâncias que se nos façam adversas. Em síntese, para que a paz more conosco, assegurando-nos proveito e alegria, nos caminhos do tempo, é forçoso não apenas trabalhar e servir sempre, mas igualmente compreender e abençoar.

Chico Xavier

41
Paciência e vida

ESTUDO NECESSÁRIO DA PACIÊNCIA: observar cada um de nós face à própria conduta nas relações humanas e no reduto doméstico.

Sabemos compreender habitualmente os assaltos morais de inimigos gratuitos, obrigando-nos a refletir quanto à melhor forma de auxiliá-los, para que se renovem construtivamente em seus pontos de vista e, em muitos casos, esbravejamos contra o desagrado de uma criança que a doença incomoda.

Aprendemos a suportar com serenidade e entendimento, prejuízos enormes da parte de amigos, nos quais depositamos confiança e carinho, buscando encontrar o modo mais seguro de ajudá-los para o resgate preciso e, muitas vezes, condenamos asperamente pequenas despesas naturais de entes queridos, credores isofismáveis de nosso reconhecimento e ternura.

A torerância para com superiores e subalternos, colegas e associados, familiares e amigos íntimos é realmente o recurso da vida em que se nos erige o metro do burilamento moral. Isso porque, conquanto a beneficiência se mostre sempre sublime e respeitável, em todas as suas manifestações e atributos, é sempre muito mais fácil colaborar em campanhas públicas em auxílio da Humanidade ou prestigiar pessoas com as quais não estejamos ligados por vínculos de compromisso e obrigação, que tolerar, com calma e compreensão, os contra-tempos mínimos e as diminutas humilhações no ambiente individual.

Paciência, por isso mesmo, em sua luminosa autenticidade, há de ser atendida, sentida, sofrida, exercitada e consolidada junto daqueles que nos povoam a área do dia a dia, se quisermos esculpi-la por realização imorredoura no mundo da própria alma.

Preguemos e ensinemos, quanto nos seja possível, os méritos da paciência, no entanto, examinemos as próprias reações da experiência íntima à frente de quantos nos compartilham a luta cotidiana, na condição de sócios da parentela e do trabalho, do ideal e das tarefas de cada dia, e perguntemos com sinceridade a nós próprios se estamos usando de paciência para com eles e para com todos os outros companheiros da Humanidade, assim, como estamos incessantemente tolerados e amparados pela paciência de Deus.

Chico Xavier

42

Sugestões da parábola

Habitualmente, recorremos à parábola do bom samaritano tão só para exaltar a generosidade daquele viajante de alma nobre, à frente do irmão menos feliz; forçoso, porém, salientar a expectativa humana com as reflexões que o companheiro tombado no infortúnio articulava decerto.

Com que ansiedade aguardaria o socorro preciso!...

Tendo visto o sacerdote e o levita que passaram de largo, possivelmente, perguntou a si mesmo de que lhe valeria a cultura e a preparação espiritual deles se o abandonavam ao próprio desvalimento; e, observando o samaritano que se aproximava, não indagou quem era ele, o que era, o que sabia, o que detinha ou para onde se encaminhava... Com os olhos, suplicou-lhe amparo e, no silêncio do coração, agradeceu-lhe a bênção dos braços estendidos.

A narração de Jesus fala de dois homens evidentemente qualificados para a prestação de serviço, que se deram pressa em afastar-se, no resguardo das próprias conveniências, e menciona outro, completamente desconhecido, que se consagrou ao mister da solidariedade; com isso, o Divino Mestre nos conclama a todos para as tarefas do auxílio mútuo.

Bastas vezes, perante os acidentados e espoliados do corpo ou da alma, formulamos escapatórias, no só intuito de sonegar os tributos naturais da fraternidade. Em várias ocasiões, instados ao socorro por aqueles companheiros de experiência que sofrem muito mais que nós, repetimos displicentemente: "quem sou eu?", "não presto", "sou um fardo de imperfeições" ou "quem me dera poder!"...

Situemo-nos, porém, no lugar e na angustiosa

expectativa do irmão caído na estrada e reconheceremos que Jesus nos espera como somos e como estamos para servir, porquanto, servindo, acabaremos aprendendo que todos somos filhos de Deus e que, se hoje desfrutamos o privilégio de dar, talvez amanhã estejamos com a necessidade de receber.

Chico Xavier

43

Sem esmorecer

ACOMPANHARÁS TUA FÉ, TRADUZINDO-A EM serviço aos semelhantes, como a fonte que se confia ao próprio curso, guardando a bondade por destino.

Grandes e pequenas ocorrências desfavoráveis sobrevirão, induzindo-te a instaurar no mundo íntimo a revolução dos instintos amotinados, qual se devesses quebrar, em sinistra crise de revolta, a escada que a vida te destinou à escalada para os Céus. Entretanto, ainda quando tenhas de comprar o teu equilíbrio a preço de lágrimas, pagarás o tributo, sem perder a visão da eternidade que a todos nos envolve em sua flama inestinguivel.

No claro caminho que te foi reservado, perceberás os lamentos e as injúrias daqueles que acreditaram na elevação sem trabalho e se acharam esbulhados pela própria rebeldia, na vala do desencanto, e aqueles outros que transformaram a liberdade em passaporte para a demolição, acabando angustiados na descrença que geraram para si mesmos.

Transitarás, auxiliando e construindo, entre os que se emparceiraram com a violência ou que se deterioraram pela cartilha da desagregação, e serás, por tua fé, o alento dos que choram, a esperança dos tristes, a faísca de sol para os que atravessam a longa noite da penúria, o apoio dos amargurados, a abnegação que não teme estender o braço providencial aos caídos, o bálsamo dos que tombaram e se feriram sem rumo...

Concorda com os desígnios de Deus, que colocou a flor na erva com o mesmo amor com que acendeu a estrela no firmamento, e segue adiante, em teu apostolado renovador, na certeza de que não há lugar e nem dificuldade que o Todo-Misericordioso desconheça.

Tua fé – tua armadura e teu crisol. Com ela te defenderás contra as arremetidas da sombra e, por ela te purificarás, através da lealdade ao Bem Eterno, tantas vezes marcada a fogo de sofrimento. Será ela, por fim, o teu guia para o ingresso na suprema redenção, exigindo, todavia, para semelhante vitória, que te disponhas a abençoar incessantemente e a servir sem esmorecer.

Chico Xavier

44
Uma só luz

Ninguém nega que provações amargam, que lutas complicam, que desentendimentos dificultam, que ofensas ferem.

Ninguém nega isto.

Entretanto, é imperioso considerar tudo isso na condição real com que se apresenta na escola da vida, isto é, por material didático imprescindível na elucidação e no aperfeiçoamento da alma.

Rememora, a título de estudo, os últimos dez anos de existência, sobre os quais te eriges fisicamente agora.

Examina a transitoriedade de todas as ocorrências que te entretecem a paisagem exterior.

Enumera os obstáculos que atravessaste, muitos dos quais se te figuravam montanhas de aflição, e que hoje se te transformaram em experiências benditas.

Recorda os companheiros que se distanciaram de ti ou dos quais te distanciaste, cuja ausência, antes da separação, parecia-te insuportável e que atualmente resguardas na memória por benfeitores a que te reúnes, em espírito, dentro de mais altas dimensões de harmonia e entendimento.

Conta os problemas de família que te agrediam antigamente, à feição de pesadelos, presentemente convertidos em vantagens e bênçãos no caminho da própria vida.

Anota o número de pessoas que, em outras ocasiões, interpretavas por adversários potenciais, e que o tempo transfigurou em refúgios de paz e compreensão em teu benefício.

E pondera quanto aos amigos que acreditavas detentores de longa existência, no corpo terrestre, e que, com surpresa, viste partir, no rumo da Espiritualidade Maior, antes de ti.

Revisa tudo o que enxergaste, ouviste, acompanhaste e empreendeste, em apenas dois lustros de permanência na Terra, e verificarás que uma só luz persiste, acima de todos os fenômenos e acontecimentos do dia a dia, – a luz do amor que colocaste no dever retamente cumprido, perante as criaturas e ideais a que empenhaste o coração com o trabalho no bem dos outros, luz que permanece inapagável em nós e por nós, a iluminar-nos a estrada para a felicidade verdadeira, hoje e sempre.

Chico Xavier

45
Prontuário da alma

Quanto mais se aperfeiçoam as técnicas e processos de vivência na civilização, mais se ampliam os dispositivos de proteção e defesa a benefício da vida humana.

Leis de trânsito previnem acidentes.

Isoladores controlam cargas elétricas.

Antibióticos extinguem infecções.

Anestésicos frustram a dor.

Recorda que o progresso do mundo te faculta igualmente criar um prontuário da alma, capaz de imunizar-te contra desespero e amargura, angústia e insatisfação.

Referimo-nos ao binômio "serviço e esquecimento", suscetível de conferir-nos tranquilidade sempre que seja posto em ação.

Quando apareça o sofrimento, nascido de supostas decepções ou ingratidões do comportamento alheio, trabalha para o bem e olvida todo o mal.

Se entregamos o coração em tais circunstâncias ao fel do pessimismo ou se alugamos a palavra ao domínio da queixa, será justo interrogar-nos quanto à inconsequência de nossa própria atitude.

Ressentimento ou desânimo de nossa parte traduziriam superestimação de valor, com respeito a nós mesmos, e espírito de irritação ou de azedume pressuporia, de nosso lado, a posse de uma superioridade ilusória.

Forçoso compreender que todos nós, os espíritos em evolução na Terra, estamos ainda longe do aprimoramento a que aspiramos chegar.

E para a iniciação de semelhante burilamento

ou mesmo para continuar dentro dele depois de começado, é indispensável contribuir na formação da felicidade de outrem, sem que outrem nos deva retribuir.

Em quaisquer dificuldades e males, procura a prática do bem e, na lavoura incessante do bem, busca transpor obstáculo a obstáculo, na certeza de que assim liquidarás problema a problema.

Isso porque, "servir e esquecer" serão sempre as bases da harmonia e da elevação. E a vida assim será constantemente porque, se hoje somos chamados a agir em socorro aos outros, amanhã provavelmente serão os outros chamados a agir em socorro a nós.

Chico Xavier

46
O companheiro oculto

Nos empeços de agora, reflete nos empeços outros que já te viste na contingência de atravessar.

Inquire de ti como venceste as crises da estrada e verificarás que a superação veio muito mais do amparo oculto que da tua capacidade de ver e providenciar.

É que detinhas ontem, quanto possuis hoje e terás sempre o companheiro encoberto que trabalha contigo em silêncio...

Lágrimas que te pareciam inestancáveis desapareceram, um dia, de tua face, enquanto que sorrisos de confiança te repontaram do rosto, à maneira de rosas a se te enraizarem, incompreensivelmente, no coração.

Dificuldades que te sitiavam a vida, à feição de labaredas ameaçadoras, por todos os lados, extinguiram-se, como por encanto, qual se chuvas balsâmicas jorrassem do céu, libertando-te a passagem para outros campos de interesse e realização.

Aversões gratuitas te amargavam as horas, mas um instante apareceu em que os teus mais ferrenhos inimigos te brindaram com testemunhos de solidariedade e simpatia.

Provações necessárias te deixaram o espírito, lembrando gleba arrasada por praga consumidora, entretanto, novas plantações de afeto e de esperança nasceram em derredor de teus passos, encaminhando-te à lavoura do encorajamento e da paz.

Se indagas de ti mesmo como e por que te sucederam semelhantes prodígios, não sabes explicá-los na origem, dando-te conta unicamente de que te achavas no desempenho das próprias obrigações, quando o apoio invisível te surpreendeu com luzes e bênçãos renovadoras.

Ainda hoje, se mágoas e obstáculos te visitam, prossegue na área dos deveres que o mundo te conferiu, porque Deus, o companheiro que te sustenta e te inspira, permanece contigo, propiciando-te sentido à tarefa e significação à existência.

Na maior parte dos fracassos humanos, habitualmente, vemos o desespero de alguém que não soube ou não quis aguardar a intervenção oculta da Divina Providência, nas horas de aflição ou de indecisão.

Por maiores as tuas dificuldades, não esmoreças.

Prossegue trabalhando e esperando, na trilha das obrigações que a vida te assinalou, porque Deus está agindo para resguardar-te em segurança e oferecer-te o melhor.

Chico Xavier

47

Teu privilégio

Nos momentos difíceis – naturais no caminho de todos – não desperdices o tesouro das horas com desesperação e abatimento.

Recorda o privilégio que recebeste da vida – o privilégio de ajudar.

É possível que nuvens de desenganos te hajam caído na estrada por aguaceiro de fel; isso, porém, não te impede levar algum consolo aos que vegetam em catres de sofrimento e que não tiveram no curso de muitos anos nem mesmo o mais leve sopro de qualquer esperança.

Falas de empeços domésticos que te barram a caminhada para a meta de determinados desejos; nada, todavia, impossibilita-te a condução de apoio, ainda que mínimo, àqueles companheiros outros que suspiram por liberdade nos impedimentos das prisões e dos hospitais.

Referes-te à preocupações que te esbraseiam o fios do mundo; desfrutas, entretanto, a bênção de poder amparar as criaturas irmãs que perderam, temporariamente, o equilíbrio mental, segregadas nos manicômios.

Reporta-te a desastres afetivos que te deixaram em lágrimas de saudade, mas possuis a faculdade de frustrar a solidão, ofertando presença e conforto aos irmãos que atravessam a romagem terrena, em extremada penúria, suplicando migalha de reconforto.

Não te abandones ao pessimismo, quando trazes contigo o dom de construir e recuperar.

Quando tantos companheiros da Humanidade se vêm impedidos de caminhar para a solução dos problemas que lhes são próprios, considera a tua prerrogativa de caminhar para socorrê-los. E, se te vês em carência de amor ou de alegria, exerce, para logo, o teu privilégio de compreender e de auxiliar.

    Quem sustenta, é sustentado.

    Quem serve, é servido.

    Quem dá, recebe.

    Essa é a Lei.

Chico Xavier

48

A caminho do Cristo

Carregar nossa cruz, a caminho do Cristo, será abraçar as responsabilidades que nos cabem no setor de trabalho que ele próprio nos confiou.

E, na adesão ao compromisso esposado, urge não esquecer que as nossas dificuldades podem ser modificadas, mas não extintas.

Sem obstáculos, cairíamos na inércia.

E é forçoso avançar sem esmorecer para evoluir.

Em quaisquer circunstâncias, cumpre-nos trabalhar, aceitando-nos com as imperfeições que ainda trazemos, realizando o melhor ao nosso alcance, a perceber que sem o conhecimento de nossas franquezas, tombaríamos no orgulho.

Ouvir remoques e reprovações, aguentando os aguilhões candentes da acusação e da crítica, aprendendo que, sem isso, não conseguiríamos efetuar os nossos singelos exercícios de paciência e de humildade.

Reconhecer, em todos os empeços da estrada, que a transitória incompreensão alheia é parte importante do programa.

De quando a quando, ela nos sacode as construções espirituais, verificando-lhes a firmeza.

E, às vezes, em semelhante prova, desnuda-nos a solidão.

Entretanto, é preciso seja assim.

De tempos a tempos, é imperioso atravessar a solidão, a fim de que sejamos impulsionados ao esforço máximo, porque, sem esforço máximo, não obteríamos a desejada renovação.

Contradições teremos sempre, de vez que as contradições nos obrigam ao estudo e, sem estudo, o raciocínio se nos jaz ao nível da rigidez espiritual.

Chamados a amar e auxiliar aos que se nos opõem, é necessário amá-los e auxiliá-los com a tolerância e a bondade com que o Divino Mestre nos amou e auxiliou, incessantemente, enquanto nos opúnhamos a ele.

Para nós, que aceitamos a jornada para a integração com Jesus, não há possibilidade de recuo, porque a desistência da luta pela vitória do bem significa perturbação, e não equilíbrio, rebeldia, e não fé.

Em suma, carregar nossa cruz será, desse modo, romper com os milênios de animalidade em que se nos sedimenta a estrutura da alma, principiando por acender as possíveis résteas de luz na selva de nossos próprios instintos, recebendo, pela fidelidade ao serviço, a honra de trabalhar, em Seu Nome, não através de méritos que ainda não possuímos, mas em razão da misericórdia que Ele nos concedeu.

Chico Xavier

49
Ante a vida

Não há lugar em que nos vejamos sem algum beneficio a prestar ou alguma coisa a fazer.

Seja qual seja a circunstância da estrada, aí encontramos a ocasião precisa para realizar o melhor.

Por isso mesmo, o tempo é o prodigioso indicador, descerrando-nos situações inesperadas ao dom de compreender e de auxiliar.

Ainda mesmo nas trilhas mais obscuras da prova ou da aflição, somos defrontados por ensejos valiosos de renovação e progresso.

Se te vês diante de rotinas deterioradas, conquanto a rotina seja abençoada escola de formação espiritual, é necessário reflitas nas possibilidades novas que se te descortinam à existência.

Se obstáculos te surgem, amontoados na senda, reconsidera as próprias atitudes e observa que haverá chegado o instante para mais alto aproveitamento de teus recursos, nos domínios da expressão de ti mesmo, ante a seara do mundo.

Imagina o que seria a experiência na Terra sem a lei da mudança.

Se a semente não fosse atirada à solidão, no seio da gleba, e se as árvores não renunciassem à posse dos próprios frutos, impossível seria acalentar a vida planetária. Se a infância não marchasse para a juventude, e se a juventude não se dirigisse para a madureza, a evolução humana resultaria impraticável.

Quando te reconheças à bica do desespero ou do desânimo, ergue-te sobre os motivos de tristeza ou desalento e contempla os quadros da natureza em torno. Novos minutos se despencam do coração das horas em teu benefício, dezenas e centenas de criaturas aparecem por todos os flancos a te endereçarem sorrisos de esperança, tarefas múltiplas te pedem devotamento e os dias sempre renovados te apontam o Céu, de horizonte a horizonte, como sendo imensa porta libertadora, através da qual, em cada manhã, a Sabedoria do Senhor te convida sem palavras a recomeçar e progredir, trabalhar e viver.

Chico Xavier

50

Oração pelos entes queridos

Senhor Jesus!

Concedeste-nos os entes queridos por tesouros que nos emprestas.

Ensina-nos a considerá-los e aceitá-los em sua verdadeira condição de filhos de Deus, tanto quanto nós, com necessidades e esperanças semelhantes às nossas.

Faze-nos, porém, observar que aspiram a gêneros de felicidade diferente da nossa e ajuda-nos a não lhes violentar o sentimento em nome do amor no propósito inconsciente de escravizá-los aos nossos pontos de vista. Quando tristes, transforma-nos em bênçãos capazes de apoiá-los na restauração da própria segurança e, quando alegres ou triunfantes nos ideais que abraçam, não nos deixes na sombra do egoísmo ou da inveja, mas sim, ilumina-nos o entendimento para que lhes saibamos acrescentar a paz e a esperança.

Conserva-nos no respeito que lhes devemos, sem exigir-lhes testemunhos de afeto ou de apreço, em desacordo com os recursos de que disponham.

Auxilia-nos a ser gratos pelo bem que nos fazem, sem reclamar-lhes benefícios ou vantagens, homenagens ou gratificações que não nos possam proporcionar.

Esclarece-nos para que lhes vejamos unicamente as qualidades, ajudando-nos a nos determos nisso, entendendo que os prováveis defeitos de que se mostrem ainda portadores desaparecerão no amparo de tua bênção.

E, se algum dia, viermos a surpreender alguns deles em experiências menos felizes, dá-nos a força de compreender que não será reprovando ou condenando que lhes conquistaremos os corações, e sim, entregando-os a Ti, através da oração, porque apenas Tu, Senhor, podes sondar o íntimo de nossas almas e guiar-nos o passo para o reequilíbrio nas Leis de Deus.

idelivraria.com.br

Pratique o "Evangelho no Lar"

Aponte a câmera do celular e faça download do roteiro do **Evangelho no lar**

Ide editora é nome fantasia do Instituto de Difusão Espírita, entidade sem fins lucrativos.

⊙ ideeditora   f ide.editora   🐦 ideeditora

◀◀ DISTRIBUIÇÃO EXCLUSIVA ▶▶

📍
Av. Porto Ferreira, 1031 | Parque Iracema
CEP 15809-020 | Catanduva-SP
📞 17 3531.4444   🟢 17 99777.7413

⊙ boanovaed
▶ boanovaeditora
f boanovaed
🌐 www.boanova.net
✉ boanova@boanova.net

Fale pelo whatsapp

Acesse nossa loja